LA
CLEF PERDUE

COMÉDIE

Représentée pour la première fois, à Paris, sur le THÉÂTRE TAITBOUT,
le 27 février 1876.

IMPRIMERIE GÉNÉRALE DE CHATILLON-SUR-SEINE, JEANNE ROBERT

LA
CLEF PERDUE

COMÉDIE EN UN ACTE

PAR

ÉMILE ABRAHAM

PARIS

CALMANN LÉVY, ÉDITEUR

ANCIENNE MAISON MICHEL LÉVY FRÈRES

RUE AUBER, 3, ET BOULEVARD DES ITALIENS, 15

A LA LIBRAIRIE NOUVELLE

1876

PERSONNAGES

LUCIEN...............................	M. MIRAL.
HENRIETTE...........................	Mlles ALICE LEGUET.
ALICE................................	J. BOREL.
PHILOMÈNE...........................	QUÉRETTE.

LA
CLEF PERDUE

Le théâtre représente un salon. Porte au fond donnant dans l'antichambre et, en face de cette porte, de l'autre côté de l'antichambre, la porte donnant sur l'escalier. A gauche, deux portes; la première conduisant à l'escalier de service ; l'autre à la chambre d'Henriette. Au premier plan, un bureau de dame, et un fauteuil. — A droite, un canapé ; au premier plan, une cheminée ; au second, la porte conduisant à la chambre qu'occupe Alice. — Rideaux aux portes. — Une armoire ou un placard. — C'est le soir ; une lampe allumée sur le bureau.

SCÈNE PREMIÈRE

HENRIETTE, ALICE, PHILOMÈNE *.

Au lever du rideau Alice est en toilette de bal. Henriette et Philomène l'aident à terminer sa toilette.

PHILOMÈNE.

Comme ces fleurs vont bien à madame !

HENRIETTE.

Ton mouchoir... ton éventail... ton flacon... (Elle lui passe ces différents objets.) Il ne te manque rien... qu'une couronne d'immortelles, car tu as l'air d'aller à l'enterrement!

* Henriette, Alice, Philomène.

ALICE.

Je tâcherai de sourire.

HENRIETTE, à Philomène.

Faites atteler.

Philomène sort par la première porte de gauche.

SCÈNE II

HENRIETTE, ALICE *.

ALICE, se laissant tomber sur le canapé.

Je n'irai pas à ce bal.

HENRIETTE.

Bon ! voici ta robe toute froissée...

ALICE.

Quel supplice !

HENRIETTE.

Voyons, ma chère Alice, sois raisonnable. Est-ce donc un si grand ennui que d'aller à une soirée où tu es sûre de trouver une société choisie et de briller parmi les plus charmantes femmes ?

ALICE.

Flatteuse !... Mais, songe un peu à ma situation!

HENRIETTE.

Tu n'es venue à Paris que pour fêter l'anniversaire de ta tante... D'où vient ce changement ?

ALICE.

Au moment du danger, j'ai peur...

HENRIETTE.

Je devine tes craintes... mais il n'oserait venir dans une

* Henriette, Alice.

maison où sa présence causerait le plus mauvais effet... Sa con-
duite envers toi a soulevé l'indignation de tous... d'ailleurs,
tu seras dans un monde ami,... sous la protection d'une
parente qui t'affectionne...

ALICE.

Admets cependant qu'il soit là !

HENRIETTE, à part.

Pauvre Alice ... Elle l'aime toujours !

ALICE.

Il me semble, à mon entrée dans les salons, entendre chacun
murmurer à l'oreille de son voisin : « C'est madame Montivon...
séparée de son mari depuis quelques mois. » — « Ils avaient
pourtant contracté un mariage d'inclination ! » — « On pré-
tend, diront les mieux informés, que le mari n'a pas tardé,
malgré la tendresse et le dévouement de sa femme, à re-
prendre sa vie dissipée. » — « Au contraire, répliquera quelque
âme charitable, le pauvre homme, en cédant à l'entraînement
de son cœur, avait pris une compagne indifférente, égoïste... »

HENRIETTE.

Quelle idée !...

ALICE.

Et les commérages d'aller leur train... et mes bonnes
amies d'autrefois affecteront peut-être de m'éviter !.. Eh
bien, tout cela n'est rien, comparé à l'appréhension de me
trouver face à face avec lui !... (On entend le bruit d'une voiture, elle
se lève.) Non, je n'irai pas à ce bal... (Elle va au bureau *). Je vais
écrire à ma tante... Le premier prétexte venu... je dirai que
mes douleurs névralgiques...

* Alice, Henriette.

SCÈNE III

Les Mêmes, PHILOMÈNE, entrant par le fond.

PHILOMÈNE [*].

La voiture de madame est dans la cour.

ALICE.

Je n'en ai plus besoin.

PHILOMÈNE, à part.

Tiens, tiens, tiens...

HENRIETTE.

Voyons, ma chère Alice...

ALICE.

N'insiste pas; ce serait me désobliger.

HENRIETTE, à Philomène.

Laissez-nous un instant.

PHILOMÈNE.

Bien, madame. (A part, en sortant par la gauche.) Des mystères ? comme chez mademoiselle Palmyre !

SCÈNE IV

HENRIETTE, ALICE [**].

HENRIETTE.

Et si je te demandais d'aller au bal de ta tante... pour me rendre service ?

---

[*] Alice, Philomène, Henriette.
[**] Alice, Henriette.

ALICE, qui ôtait déjà ses parures.

Pour te rendre service?

HENRIETTE.

Il faut donc t'avouer... Et d'abord je te demande pardon de t'avoir caché quelque chose... mais je t'aurais tout dit demain...

ALICE.

Tu m'intrigues.

HENRIETTE.

Tu sais que ma famille me presse de me remarier... mon père surtout, qui soutient beaucoup la candidature d'un certain monsieur Chaumonot... Il est très-riche, ce monsieur Chaumonot, mais il est très-gros et très-chauve... de plus, il habite Cambrai, où il fabrique des bretelles et des jarretières.... Or, tu le sais, mon mari avait de la distinction; il exerçait une profession libérale et nous vivions à Paris dans un cercle intelligent... Le contraste m'effraie... Aussi, avant de répondre aux instances de mon père, je voudrais avoir un entretien sérieux avec un jeune homme qui se montrait très-empressé auprès de moi à Trouville... et que j'ai autorisé à venir ce soir prendre une tasse de thé...

ALICE, souriant.

Un rendez-vous?

HENRIETTE.

C'est bien hardi!.. mais je n'ai personne des miens pour me patronner... mon père habite Cambrai, où, chaque soir, il fait le whist avec le fabricant de jarretières...

ALICE, essayant de sourire.

Et de bretelles.

HENRIETTE.

S'il fallait me justifier, je te dirais que je ne suis strictement tenue d'observer ni la réserve de la jeune fille, ni les devoirs de l'épouse, ni la prudence que t'impose ta situation de

femme séparée... j'ai le triste avantage d'être veuve... et
pourvu que ma conscience...

ALICE.

Mais le fabricant de jarretières?...

HENRIETTE.

De cette entrevue dépend peut-être mon bonheur...

ALICE, sonnant.

A quelle heure pourrai-je rentrer?

HENRIETTE.

Méchante, va !

SCÈNE V

LES MÊMES, PHILOMÈNE, rentrant par la gauche.

ALICE *.

Vous n'avez pas renvoyé la voiture?

PHILOMÈNE.

Non, madame, j'attendais...

ALICE.

Je me sens mieux... je vais au bal.

PHILOMÈNE, à part.

Tiens! tiens ! tiens !

Elle ouvre l'armoire.

ALICE.

Comment est-il ?

HENRIETTE.

C'est un de ces esprits brillants qui fascinent d'abord et je
veux voir si je ne me suis pas laissé éblouir...

* Alice, Henriette.

ALICE.

Méfie-toi de ton imagination et n'écoute que la raison...
que l'exemple de mon malheur te serve...

Philomène lui met sur les épaules une sortie de bal qu'elle vient de retirer
de l'armoire.

HENRIETTE.

Oh ! je ne suis pas si exaltée, moi... je t'assure que ton lovelace de mari ne m'aurait séduite ni par son plumage, ni
par son ramage...

ALICE.

On raisonne... après !

HENRIETTE.

Au reste, ma chère, tu as été victime de l'imprévoyance
de tes parents, qui t'ont donnée à un homme trop connu par
ses aventures galantes et ses substitutions de noms.

ALICE.

J'espérais dompter cette nature... et je me suis trompée.
(S'affermissant.) Bonsoir.

Elle l'embrasse.

HENRIETTE.

Amuse-toi bien... (A Philomène.) Si l'on demande après moi,
je suis visible.

PHILOMÈNE, à part.

Tiens, tiens, tiens.

Alice sort par le fond suivie de Philomène.

SCÈNE VI

HENRIETTE.

Quelle inconséquence !.. (Tout en mettant de l'ordre dans la chambre.)
Ouvrir la porte à un monsieur que je connais à peine. Mais

il semble si sincère... et la perspective de devenir madame
Chaumonot me sourit si peu !.. Après tout, je ne suis plus
une enfant et je ne puis comme une petite demoiselle accepter
le mari qu'on me présente. Le meilleur moyen de connaître
et de juger celui qui me recherche... et qui me plaît, c'est
de le voir, de causer... On marche dans l'antichambre... Ce
doit être lui. (Elle se regarde dans la glace et lisse ses cheveux.)

PHILOMÈNE, paraissant à la porte du fond et annonçant.

Monsieur de Tremblay.

HENRIETTE, à part.

C'est lui !

SCÈNE VII

LUCIEN, HENRIETTE *.

LUCIEN, saluant.

Madame...

HENRIETTE, saluant.

Monsieur...

Elle s'assied à gauche et indique un siége à Lucien.

LUCIEN.

Je vous rends mille grâces, madame, d'avoir bien voulu
m'autoriser... (Lucien s'assied.)

HENRIETTE.

L'heure est assez singulière... Je tiens à vous faire connaître
le motif qui me l'a fait choisir : Je donne en ce moment l'hos-
pitalité à une amie **. Or, cette amie, allant ce soir au bal, j'ai

* Henriette, Lucien.
** Henriette, Lucien.

profité de sa sortie pour que nous puissions causer... causer
de... de vos bien graves projets.

LUCIEN, à part, étonné.

De mes bien graves projets?

HENRIETTE, un peu troublée.

Les convenances, je ne l'ignore pas... Mais je n'ai pas de
famille à Paris...

LUCIEN, embarrassé.

La famille... sans doute la famille...

HENRIETTE.

Au reste, une veuve de vingt-cinq ans...

LUCIEN.

Vingt-cinq ans et veuve !.. quel âge et quel sort charmants
pour une beauté qui s'épanouit comme la vôtre, madame, au
milieu de tant de charmes !..

HENRIETTE.

Trêve de fad... (Se reprenant) de galanteries... D'ailleurs, mon
amie est allée au bal un peu à contre-cœur, et, d'un moment
à l'autre, elle peut rentrer... Je ne voudrais pas avoir à me
repentir...

LUCIEN.

Croyez bien que je sens le prix d'une telle faveur... et que
je suis un galant homme... Laissez-moi seulement vous dire
quelle impression vous avez faite sur moi.., quel trouble dé-
licieux me causait votre rencontre sur la plage de Trouville...
au Casino, le soir, quel tressaillement...

HENRIETTE, l'interrompant.

Si vous me dites tout, que me restera-t-il à deviner ?

LUCIEN.

Deviner ?... comment n'auriez-vous pas deviné ! Mon regard vous cherchait sans cesse dans la foule, mes pas étaient
rivés à vos pas... et le respect seul contenait l'élan...

1.

HENRIETTE.

C'est à ce respect que je fais appel aujourd'hui... Le souvenir donne à vos sentiments une vivacité qui m'effraie... Parlons plutôt de vos distractions, de vos ennuis... Une veuve peut être la confidente de bien des petits secrets.

LUCIEN.

Oh! oui, de bien des petits secrets... et même... de grands secrets ; de celui-ci, par exemple : (Il prend la main d'Henriette.) Henriette, je vous aime.

HENRIETTE, se levant.

Monsieur de Tremblay, si vous continuez à parler de la sorte, je me verrai forcée... *

LUCIEN, se levant et feignant la soumission.

Pardonnez, pardonnez à un cœur trop épris...

HENRIETTE.

C'est bien, je pardonne... à la condition que vous causerez raisonnablement. Mon amie ne peut tarder à rentrer et...

LUCIEN.

C'est précisément parce que votre amie peut rentrer d'un moment à l'autre que nous ne pouvons causer raisonnablement... ce serait trop long.

HENRIETTE.

Alors...

LUCIEN.

Alors, causons... amour, si vous voulez.

HENRIETTE.

Monsieur de Tremblay, l'impertinence est indigne d'un galant homme.

LUCIEN, à part.

Maladroit! (Haut.) J'ai tort... causons raison... (A part.) puisqu'il le faut.

* Lucien, Henriette.

HENRIETTE, allant s'asseoir sur le canapé *.

Bien cela... Une confidence... on veut me marier.

LUCIEN, scandalisé.

Vraiment, madame?

HENRIETTE.

La position de veuve...

LUCIEN.

Est la plus charmante qu'il soit.

HENRIETTE, vexée.

Comment, monsieur?...

LUCIEN, se reprenant.

Je veux dire la plus désagréable, la plus fausse, la plus...
(A part.) Il paraît que je me fourvoyais...

HENRIETTE.

J'irais habiter Cambrai.

LUCIEN.

Cambrai? Nord!... Ville industrielle... toiles renommées,
batiste, mousseline, bonneterie, raffineries de sucre... dix-
huit mille quatre-vingt-trois habitants... Oh! vous n'irez
pas, madame!

HENRIETTE, souriant et baissant les yeux.

Cela dépend de vous.

LUCIEN.

De moi? alors je m'y oppose !

HENRIETTE.

Écoutez-moi donc alors... d'autant plus que...

LUCIEN.

Oui, je sais!... Votre amie de Damoclès...

HENRIETTE.

Donc, on veut me marier à un manufacturier... un parfait

* Lucien, Henriette.

honnête homme, mais dont les goûts, je le crains, ne sym-
pathiseraient nullement avec les miens...

LUCIEN.

Oui, je comprends... un vieux grognon!...

HENRIETTE, comprimant un sourire.

Je vous en prie.

LUCIEN.

Oui, un vieux grognon... dont l'horizon politique, artisti-
que et littéraire s'arrête aux murailles de sa fabrique.

HENRIETTE, riant.

Vous êtes charmant, ma parole.

LUCIEN, voulant lui prendre la main.

Merci !

HENRIETTE.

Charmant... c'est-à-dire...

LUCIEN.

C'est-à-dire... drôle, n'est-ce pas?

HENRIETTE.

Soit... Eh bien ! dites-moi vos idées sur le mariage.

LUCIEN, sérieux et hochant la tête.

Sur le mariage!...

HENRIETTE.

Vous devenez pensif... Je vois que vous comprenez la por-
tée de cet acte sacré.

LUCIEN.

Je crois que tout le monde n'est pas né pour cette union
(Avec ironie.) indissoluble!... et qu'il ne faut jamais contracter
sans être, comme on dit, mûr pour le mariage... (Secouant ses
pensées.) Si nous parlions d'autre chose?

HENRIETTE.

Ai-je ravivé quelque douleur?... seriez-vous veuf?...

LUCIEN.

Veuf? Grâce au ciel, ma femme existe.

HENRIETTE, foudroyée.

Votre...?

LUCIEN.

Un ange que je n'ai pas compris et que j'apprécie depuis
que...

HENRIETTE, se levant. *

Votre femme!...

LUCIEN.

Qu'avez-vous donc?... (Henriette reste attérée.) Henriette...

HENRIETTE.

Oh ! ne m'appelez pas ainsi... (Le regardant en face.) Pour qui
donc me prenez-vous?

LUCIEN.

Pour une femme charmante... Quant à moi, je vous le
répète, je suis un galant homme...

HENRIETTE, à elle-même.

Malheureuse que je suis !...

LUCIEN.

Qu'ai-je donc fait, qu'ai-je donc dit qui ait pu vous bles-
ser ?... car, je le sens bien, j'ai quelque chose à me faire
pardonner...

HENRIETTE.

Non, monsieur, moi seule ai besoin d'indulgence.

LUCIEN.

De qui donc, madame ?

HENRIETTE, sonnant.

De moi-même * * !

* Henriette, Lucien.

** Henriette, Philomène dans le fond, Lucien.

SCÈNE VIII

Les Mêmes, PHILOMÈNE.

PHILOMÈNE.

C'est pour le thé que madame a sonné ?

HENRIETTE.

Monsieur n'en prend pas... monsieur désire se retirer...

LUCIEN, à Henriette.

Je vous en supplie, madame, quelques mots d'explication... je ne puis...

HENRIETTE, saluant.

Monsieur... (En sortant par la seconde porte de gauche.) Quelle honte pour moi !...

SCÈNE IX

LUCIEN, PHILOMÈNE*.

LUCIEN.

Je veux être pendu si je sais la cause de son dépit !

PHILOMÈNE, près de la porte du fond.

J'attends monsieur Lucien.

LUCIEN.

Mon nom ? (La regardant.) Philomène ?... toi... toi... au service de madame de Luceval ?

PHILOMÈNE.

Monsieur n'a pas perdu l'habitude de tutoyer les... sou-brettes.

Elle descend.

* Lucien, Philomène.

LUCIEN.

C'est talon rouge... Pourquoi n'es-tu pas restée chez Palmyre?

PHILOMÈNE.

J'ai des idées de mariage et comme je servais chez une comédienne, personne ne voulait me croire vertueuse.

LUCIEN.

Telle maîtresse, telle servante...

PHILOMÈNE.

Je prierai même monsieur de ne pas dire à madame qu'il m'a connue chez mademoiselle Palmyre.

LUCIEN.

Comment diable lui dirai-je ? Elle me chasse.

PHILOMÈNE.

Vous n'aurez pas été respectueux... selon votre habitude... mais il faut partir, car l'amie de madame va rentrer.

LUCIEN.

Toi aussi tu me menaces de cette mystérieuse apparition ?... Quelle est cette beauté ?

PHILOMÈNE.

Une dame mariée en délicatesse avec son mari... à ce que j'ai cru comprendre par quelques mots saisis au vol.

LUCIEN.

En écoutant aux portes, n'est-ce pas ? (Philomène remonte pour le reconduire.) Mais sais-tu que tu es fort appétissante? de beaux yeux... des cheveux abondants... une taille bien prise... des joues veloutées... (Il l'embrasse.) oui, ma foi, veloutées**. (Il l'embrasse encore)—(Au moment de sortir.) Je ne puis pourtant pas m'en aller ainsi.,. Je ne sais quel est mon crime, mais il faut que je demande l'absolution...

* Philomène Lucien.

** Lucien, Philomène.

PHILOMÈNE.

Voyons, voyons...

LUCIEN, allant au petit bureau de dame.

Justement... (Il écrit.) « Madame, je suis bien coupable, » Coupable... de quoi ?... « je suis bien coupable,... aussi c'est l'âme pleine de remords que je viens implorer un généreux pardon... Oubliez, de grâce, oubliez !... Je vous jure amour et fidélité éternels. » Comment signer ?... Ma foi, à bas les masques!.. (Signant.) « Lucien Montivon. » C'est égal, je veux être pendu si je...

PHILOMÈNE, prêtant l'oreille.

C'est l'amie de madame... et ma maîtresse qui vous croit parti.

LUCIEN.

Mais je ne serais pas fâché de la voir, la belle inconnue!

PHILOMÈNE.

Quel homme! (Lui montrant la porte de gauche.) Attendez... dans ma chambre, elle donne dans ce couloir... Je vais ouvrir et je viens vous faire sortir par l'escalier de service... (Elle sort par le fond.)

LUCIEN, à lui même.

C'est bien la peine de jouir de la réputation d'un lovelace pour s'en aller piteusement par l'escalier de service...

Il sort par la gauche, premier plan.

SCÈNE X

ALICE, PHILOMÈNE, Alice entrant par le fond *.

ALICE.

Non, je n'ai besoin de rien et je me déshabillerai seule...

* Philomène, Alice.

PHILOMÈNE.

Oh! je ne suis pas fatiguée et je suis aux ordres de madame... (Montrant la porte de droite.) Je vais attendre madame dans sa chambre...

ALICE.

Merci... allez vous reposer, Philomène.

PHILOMÈNE, à part.

Allons délivrer le mauvais sujet... Pourvu qu'il ne fasse pas quelque imprudence!

Elle sort par la gauche.

ALICE, seule.

J'ai besoin d'être seule. (S'accoudant sur le dossier du canapé.) Quel bal splendide, mais que je me trouvais isolée au milieu de ces familles unies!... (Moment de silence.) Il n'y était pas. (Avec amertume.) Heureusement! (Cherchant à changer le cours de ses idées.) Henriette s'est retirée dans sa chambre... Son sort s'est peut-être décidé ce soir... Puisse-t-elle avoir trouvé le bonheur! (Allant vers le bureau et s'asseyant. Elle ôte les fleurs de ses cheveux, elle ôte aussi ses bijoux et va commencer à se déshabiller, mais elle s'arrête pensive.) Je n'ose me l'avouer, et pourtant, tout en appréhendant sa présence, je ne pouvais me défendre de la souhaiter!... Ingrat! j'aurais voulu t'apercevoir, ne fût-ce qu'un instant... Le temps de saisir, lorsque nos regards se seraient rencontrés, une expression de regret... une larme peut-être!... folle!... (Elle s'assied, et, accoudée sur le petit bureau elle se tient la tête dans la main.) Quelle existence que la mienne! (Elle essuie une larme.) Mes rêves de jeune fille... mes tendresses d'épouse... mes riantes espérances... rien... plus rien!... (Ses regards se portent machinalement sur la lettre écrite par Lucien. Elle ne peut en croire ses yeux et reste stupéfaite; puis, lisant la signature.) Lucien!.. Lucien Montivon!.. (Passant la main sur son front, puis lisant avec la plus vive émotion.) « Je suis bien » coupable; aussi, c'est l'âme pleine de remords que je viens » implorer un généreux pardon... Oubliez... de grâce, oubliez; » je vous jure amour et fidélité éternels! » (Se levant.) Est-ce un rêve?... Non, non, c'est sa signature, c'est son écriture. (Elle relit la lettre avec une nouvelle émotion.) Ah! je comprends! bonne et chère Henriette!.. Ce rendez-vous que tu prétextais...c'était pour t'occuper de mon bonheur!.. Quand tu insistais pour que j'allasse à ce bal, c'était... Merci! merci! (Elle embrasse la lettre.) Oh! je veux la voir, je veux qu'elle me dise... (Elle va pour ouvrir la seconde porte de gauche et s'arrête.) Mais s'il était encore là, lui!..Je n'ose... (Entr'ouvrant la porte d'Henriette et d'une voix sourde.) Henriette!...Henriette!... Oh! mon cœur bat avec une violence!...(Appelant de nouveau.) Henriette!... Henriette!...

SCÈNE XI

ALICE, HENRIETTE *,en robe de chambre.

HENRIETTE.

Es-tu souffrante?

ALICE.

Souffrante? oh! non. (La prenant dans ses bras.) Ma chère Henriette !

HENRIETTE.

Quelle émotion!

ALICE.

Cœur faible!... je n'ai plus de ressentiment .. j'ai tout oublié...

HENRIETTE.

Tu l'as donc vu?... il était chez ta tante?

ALICE, avec malice.

Est-il bien épris?... A quand votre union?...

HENRIETTE.

Ah! mon amie, quelle confusion!... il est marié!

* Henriette, Alice.

ALICE.

Dire que j'hésitais à sortir et que tu me ménageais une telle surprise !

HENRIETTE.

Mais, qu'est-ce que cela signifie ? Tu parles par énigmes.

ALICE.

Je rentre du bal, assez triste comme tu le penses, et bien aise dans ma situation d'esprit de trouver un peu de solitude. Je m'assieds, absorbée dans mes réflexions, et mes yeux se portent machinalement sur ce bureau... (Henriette va prendre la lettre laissée sur le bureau.) Te dire ce que j'ai éprouvé en lisant ces quelques lignes, oh ! c'est impossible !

HENRIETTE, à part.

Ah ! je crains de comprendre...

ALICE, sentiment.

Sournoise !

HENRIETTE, à elle-même, atterrée.

Lucien Montivon.. Et c'est l'écriture de monsieur de Tremblay !

ALICE.

Me revient-il bien repentant ?

HENRIETTE, à part.

Comment la désabuser...

ALICE.

Répète-moi tout ce qu'il t'a dit !

HENRIETTE.

Ah ! ma pauvre amie !...

ALICE.

Quoi donc ?

HENRIETTE.

Ta joie me fait mal !

ALICE.

J'ai la force de la supporter.

HENRIETTE.

Il faut pourtant que tu saches...

ALICE.

Pourquoi ce trouble, quand tu m'as rendue la femme du monde la plus heureuse ?...

HENRIETTE.

Je ne dois rien te cacher...

ALICE.

Parle !

HENRIETTE.

Mais je ne veux pas que tu doutes de ma sincérité... à tout à l'heure...

Elle se dirige vers la porte de sa chambre.

ALICE.

Henriette...

HENRIETTE.

A tout à l'heure...

Elle rentre dans sa chambre.

SCÈNE XII

ALICE.

Qu'a-t-elle ? Pourquoi ces hésitations, ces craintes ? C'est bien un pardon que Lucien me demande... Est-ce lui qui sollicite un rapprochement ou bien cède-t-il aux instances d'Henriette ?... Oh ! il faut que je le sache ! je ne me rendrai pas trop facilement... je lui cacherai ma joie et j'entends dicter mes conditions... Mais comment connaîtra-t-il ma réponse ?.. (Accablée.) Je suis bien fatiguée...ces émotions m'accablent. —

Allons, il faut ôter ce.. ce déguisement qui contrastait tant
avec l'état de mon âme... (Elle prend la lampe et se dirige vers la porte
de droite.) Lucien, que de larmes tu m'as fait verser !

Elle sort ; la scène est dans l'obscurité.

SCÈNE XIII

PHILOMÈNE, puis LUCIEN *.

PHILOMÈNE. Elle paraît, entr'ouvrant la porte qui conduit au couloir. — A
elle-même.

Elle est rentrée dans sa chambre. (D'une voix sourde, parlant à
Lucien, encore dans la coulisse.) Marchez sur la pointe du pied.

LUCIEN, paraissant.

J'ai l'air d'un voleur... Je n'ai pourtant rien pris..

PHILOMÈNE.

Ce n'est pas votre faute... mais doucement, je vous en prie...
Si ma maîtresse... Cette maudite clef de l'escalier de service...
Nous l'avons pourtant entendue tomber.

LUCIEN.

Tu la retrouveras au jour.

PHILOMÈNE.

Aussi, vous ne faisiez que me lutiner. (Elle lui prend le bras pour
le conduire à la porte du fond.) Par ici ! (Au moment où elle va pour ouvrir
la porte du fond, on entend sonner de la chambre d'Henriette.) C'est ma
maîtresse...

LUCIEN.

Laisse-moi aller à ta place ; madame de Luceval me doit
une explication.

PHILOMÈNE.

Quel homme !... vite... vite... (Elle ouvre la porte du fond et con-

* Lucien, Philomène.

duit Lucien à la porte qui fait face.) **Là, maintenant.** (On sonne plus fort.) **Madame est peut-être malade... je me sauve... Vous laisserez la porte contre... je vais venir la fermer... Adieu, monsieur...**

LUCIEN.

Au revoir.

PHILOMÈNE, à part, traversant la scène et se dirigeant
vers la porte de gauche.

Quelle nuit ! je me croirais encore chez mademoiselle Palmyre.

SCÈNE XIV

LUCIEN, ALICE *.

ALICE, sortant de la droite et se dirigeant vers l'armoire.
— Sa robe est dégrafée.

Je perds la tête, ma parole... (Elle ouvre l'armoire et en retire une robe de chambre.) **D'ailleurs, je ne puis rester en place...**

LUCIEN, qui allait ouvrir la porte de l'antichambre au moment où Alice est entrée, s'est retourné en voyant la clarté de la chambre de droite, qui projette un rayon lumineux sur la scène ; il descend et se cache derrière les rideaux de la porte du fond.

Est-ce Henriette ou bien la jeune femme en délicatesse avec son mari ?

ALICE, à elle-même.

Henriette ne m'en a pas dit assez ou elle m'en a dit trop... il faut absolument qu'elle satisfasse tout de suite ma curiosité.

Elle ôte sa robe.

LUCIEN, à lui-même.

Cette maudite obscurité qui m'empêche de distinguer les traits...

* Alice, Lucien.

ALICE, à elle-même.

Qu'a-t-il fait pendant notre séparation ? lui ai-je manqué ?... S'est-il rappelé les premiers jours de notre union... notre charmant voyage de noce ?

Elle a ôté sa robe et elle se trouve dans le rayon lumineux.

LUCIEN, à lui-même.

Quelles épaules délicieuses !

ALICE, à elle-même.

Il m'apporte, hélas ! un cœur blasé... Les serments qu'il va me faire, il les a prodigués à des courtisanes, à des filles de théâtre... que n'ai-je le courage de le repousser ?

Elle passe la robe de chambre.

LUCIEN, à lui-même.

Oh ! non ; cela n'est pas de jeu.

Son exclamation est accompagnée d'un geste et, dans sa vivacité, il remue une chaise placée à côté de la porte.

ALICE, à elle-même, effrayée.

Hein ?... Quelqu'un !...

LUCIEN, à part.

Aïe !

ALICE, haut.

Qui est là ?... (A elle-même, après un court silence.) On ne répond pas... Ce silence m'épouvante...

LUCIEN, passant la tête hors de la portière.

Rassurez-vous, madame, je ne suis pas un malfaiteur.

ALICE, à part, et avec la plus vive émotion.

Cette voix !...

LUCIEN, se rapprochant et balbutiant.

Je m'en allais, quand la sonnette... Alors... alors... Philomène... sa maîtresse me croyait parti...

ALICE, à part.

Lui !...

LUCIEN, continuant.

Et la clef de l'escalier de service... la clef est perdue... c'est comme une fatalité !...

ALICE, *se laissant tomber sur le fauteuil près du bureau.* — *A elle-même.*

Ces émotions me tuent.

LUCIEN, *à part.*

Elle se trouve mal... (*Haut, et toujours très-embarrassé.*) Je suis confus... revenez à vous, madame... (*A part.*) Je ne sais que dire... je ne sais que faire... (*Haut.*) Madame... (*Lui prenant la main.*) Madame, je vous en supplie... (*A part.*) Oh ! quelle mignonne main! et quelle douceur !... si j'osais...

Il porte la main d'Alice à ses lèvres.

ALICE, *tressaillant.*

Lucien !

LUCIEN, *à part, et très-étonné.*

Mon nom ?

ALICE, *essayant de se remettre, mais toujours très-agitée.*

Laissez-moi... monsieur... laissez-moi.

LUCIEN, *encore stupéfait.*

Mon nom !...

ALICE.

Jamais, je ne pourrai vous pardonner.

LUCIEN.

Un concours de circonstances m'accuse... mais je ne suis pas aussi coupable que vous pouvez le supposer...

ALICE.

Vous m'avez brisé le cœur...

LUCIEN, *à part.*

Elle va un peu loin... je l'ai effrayée, et voilà tout.

ALICE.

Vous m'avez torturé l'âme.

LUCIEN, *à part.*

Elle me trouble... son émotion me gagne... (*Haut.*) Madame, vous ne pouvez rester plus longtemps ainsi, sans secours... et dans l'obscurité...

Il se dirige vers la droite, guidé par le rayon lumineux et il rentre dans la chambre d'Alice.

ALICE, seule.

Henriette a trop présumé de mes forces.

LUCIEN, revenant avec la lampe qu'il pose sur la cheminée ; — clarté.

Madame... Ah ! un verre d'eau sucrée... avec une goutte d'éther...

Il va pour préparer un verre d'eau ; une carafe, un verre et du sucre se trouvent sur un petit guéridon près de la cheminée.

ALICE, un peu moins abattue.

Je n'ai besoin de rien...

LUCIEN.

Ah !... ce flacon... c'est cela... (Il prend un flacon qu'il trouve sur le petit guéridon et court auprès d'Alice, toujours sur le fauteuil, près du petit bureau.) Je sais tout le ridicule de ma situation, mais peu importe... il s'agit bien de moi ?... Tenez, madame, respirez ces sels... (Il s'approche d'Alice.) Alice !...

ALICE, se remettant un peu.

Henriette ne m'avait pas dit que vous fussiez encore là, monsieur.

LUCIEN, à part, et toujours stupéfait.

Alice !... l'amie de madame de Luceval, c'est Alice !... ah ! pauvre femme, je serai donc toujours pour elle une cause de tourment et un objet de mépris !... (Il baisse les yeux ; moment de silence pendant lequel Alice reste la tête dans les mains, appuyée sur le petit bureau. Enfin Lucien s'approche, et, toujours les yeux baissés, il s'agenouille auprès d'Alice.) Que vous devez me haïr !...

ALICE, avec amertume.

Que vous avais-je fait ?...

LUCIEN.

Je n'ose affronter votre regard.

ALICE.

Oh ! oui, vous êtes coupable !... Je n'ai pas mérité mon triste sort...

LUCIEN.

Bien coupable, c'est vrai, mais bien repentant...

ALICE.

Comment puis-je croire vos remords sincères?... votre lettre me trompe encore sans doute.

LUCIEN.

Ma... (A part, se levant.) Ma lettre... c'est elle qui... misérable que je suis !...

ALICE, se levant.

Vous avez à jamais rompu tout lien entre nous.

LUCIEN.

Ah ! ces liens, pourquoi les ai-je brisés? Que n'ai-je compris que mon bonheur était en vous ?... Et pourtant je vous aimais... oui, je vous aimais !... mes fautes, mes injustices, mes cruautés, mettez-les sur le compte d'un moment d'aberration... d'une folie dont je suis guéri maintenant... bien guéri !... Je vous le répète : je m'accuse et me repens, mais si tout ce qui me reste à vivre, consacré à vous aimer, à vous chérir, peut racheter un passé que je déplore profondément...

ALICE.

Ah ! si je pouvais espérer... (Se levant et se raffermissant.) Mais non... je ne puis ajouter foi.

LUCIEN.

Espérez, croyez... Alice, je t'aime. J'ai cédé à la fougue de ma nature, mais je t'aime, entends-tu !... Depuis notre séparation, j'ai cherché à m'étourdir, mais je t'aime, je t'aime plus que jamais, mon Alice.

ALICE.

Ah ! ne m'abusez pas, car cette fois j'en mourrais.

LUCIEN, à genoux devant elle.

Mon cœur déborde... mon Alice, ma femme !

SCÈNE XV

LES MÊMES, HENRIETTE, PHILOMÈNE *,
Venant de la seconde porte de gauche.

HENRIETTE, à Philomène.

Il faut que cette lettre parte par le courrier du matin...
(Voyant Lucien.) Lui !

PHILOMÈNE, stupéfaite, à elle-même.

Il est donc rentré par la fenêtre?...

LUCIEN, qui s'est relevé, à part.

Comment me tirer de là?

ALICE, à Henriette.

Je connais la cause de ton embarras vis-à-vis de moi.
(Gêne d'Henriette et de Lucien.) Vous complotiez ensemble...

PHILOMÈNE, à part.

Cet homme... c'est le diable qui s'est fait séducteur.

HENRIETTE, à Alice.

Je n'ai pas voulu attendre à demain pour informer mon
père de ma résolution.

ALICE.

Pauvre monsieur Chaumonot !

HENRIETTE.

Je l'épouse.

ALICE.

D'où vient ce changement?

HENRIETTE, avec quelque gêne.

J'ai sondé mon cœur... je n'y ái pas trouvé de place pour
un nouvel amour... le souvenir de mon mari...

* Henriette et Philomène, dans le fond sur la porte, Alice, Philomène,
Henriette, Lucien.

ALICE.

Alors pourquoi prends-tu ce parti?

HENRIETTE.

Une femme seule est exposée à bien des dangers; elle n'impose pas le respect... Oh! je rendrai M. Chaumonnot heureux... et je l'affectionnerai sans doute, car je l'estime déjà.

ALICE.

Et il t'adorera, car tu es la bonté et la droiture mêmes.

LUCIEN, à part.

Comment dénouer la situation?

ALICE *.

Mon ami, voulez-vous sceller notre réconciliation par un sacrifice de votre part?

LUCIEN, avec empressement.

Parlez.

ALICE.

Il est minuit et demi seulement... la soirée de notre tante de Blassac se prolongera fort tard... Il me faut dix minutes au plus pour m' apprêter...

LUCIEN.

Oh! volontiers...Le temps d'aller mettre une cravate blanche...

ALICE, à Henriette.

Je serais si heureuse d'être vue à ton bras.

LUCIEN **, au fond à Philomène.

Quand vous entendrez ma voiture revenir, faites-moi le plaisir d'accompagner madame Montivon jusqu'en bas.

PHILOMÈNE, bas.

Vous n'oseriez plus vous présenter ici... je le comprends!...

* Henriette, Alice, Philomène dans le fond, Lucien.
** Henriette, Alice, Philomène, Lucien.

(A part.) Il se corrigera... il ne me tutoie plus, c'est déjà bon
signe.   (Lucien salue Henriette et se retire, suivi de Philomène.)

SCÈNE XVI

HENRIETTE, ALICE, puis PHILOMÈNE.

HENRIETTE *, à part.

Pauvre Alice!... puisse-t-elle dompter ce caractère!...

ALICE, à part.

Pauvre Henriette! puisse-t-elle trouver le bonheur à
Cambrai!. .

HENRIETTE.

Allons, allons, madame, refaites-vous belle!

Elle aide Alice à sa toilette .

PHILOMÈNE, revenant par le fond et à elle-même.

C'était son mari!... tiens, tiens, tiens !...

* Henriette, Alice, Philomène.

FIN

Imprimerie générale de Châtillon-sur-Seine, Jean e Robert.

www.ingramcontent.com/pod-product-compliance
Lightning Source LLC
LaVergne TN
LVHW021650170726
843501LV00007B/2489